7
Lk 1187.

LETTRE

A M. LE MAIRE

DE LA VILLE DE BORDEAUX

Par le Docteur

T^{phe} P. DESMARTIS.

BORDEAUX,
TYPOGRAPHIE Ve JUSTIN DUPUY & Ce
rue Gouvion, 20.

1860

Bordeaux, le   Décembre 1860.

MONSIEUR LE MAIRE DE LA VILLE DE BORDEAUX,

Vous avez pris la direction des affaires municipales de Bordeaux sous les plus heureux auspices. Vous êtes sympathique à vos administrés, qui attendent beaucoup de votre expérience et de la fermeté de votre caractère ; enfin, chacun le sait, vous êtes animé des meilleures intentions. Ceci m'encourage à vous parler, au point de vue de la profession que j'exerce, de certaines questions locales d'un intérêt actuel : il s'agit des grands travaux d'assainissement et d'amélioration projetés à Bordeaux ; d'un Conseil spécial d'hygiène pour la ville ; enfin des dispositions mandarines qui ont eu la prétention de modifier l'œuvre de saint Vincent de Paul. Il y aurait là matière à de gros volumes, je concentre mes observations dans les étroites limites d'une lettre ; cela seul doit me concilier votre bienveillante attention.

De grands travaux, dit-on, sont à la veille de s'accomplir. Bordeaux va sortir de la torpeur dans laquelle il est plongé depuis l'administration de M. de Tourny. Grâce à votre initiative, cette capitale de l'Ouest va entrer résolument dans la voie de régénération que parcourent tant d'autres villes : Paris, Lyon, Marseille.

Un grand nombre de nos rues étroites, tortueuses et humides, qui datent du Prince-Noir, vont tomber sous le pic du démolisseur.

Que les amateurs du bon vieux temps, les archéologues, etc., etc., en gémissent, cela se comprend à un certain point de vue. Beaucoup de ces anciennes rues, où grouille sans cesse une population affairée, ont un caractère étrange qui attire d'autant plus l'attention qu'elles deviennent plus rares ; mais le bien-être des populations avant tout. Les lois de la conservation sont interverties : autrefois l'homme qui ne trouvait de sécurité que derrière de hautes murailles, bâtissait le plus grand nombre possible de maisons sur une superficie protégée; aujourd'hui, le progrès a fait justice de ces fléaux organisés, qui rendaient de semblables précautions indispensables, et nos Ediles n'ont plus qu'à se préoccuper d'embellir et d'assainir nos villes. Il nous faut donc de grandes et larges voies urbaines que le soleil réchauffe l'hiver, que de grands arbres ombragent l'été, et que l'air pur vivifie en toute saison; mais cela, il le faut; et l'on dit, Monsieur le Maire, que nul à Bordeaux ne le comprend mieux que vous.

Il y a de grandes trouées à faire dans certains quartiers de la ville; seulement, il faudrait se hâter. Pourquoi ce qui est reconnu utile et salutaire en principe, n'est-il pas promptement traduit en fait?

L'argent manquerait-il? Mais qui empêche la ville, l'une des plus riches de France et la moins endettée, de s'en procurer au moyen d'emprunts ? Certes, il n'est pas douteux qu'elle ne trouvât des prêteurs, même au-delà de ce qu'elle pourrait demander.

La question est jugée en matière d'emprunts. Chacun sait

que l'avenir, qui doit hériter des embellissements et des améliorations du présent, doit en payer sa quote-part. On peut donc l'escompter, ce n'est que justice.

Tout commande la prompte exécution des projets arrêtés pour ajouter encore à la beauté et à la salubrité de notre ville. D'abord, n'est-il pas naturel qu'on désire jouir du mieux plutôt aujourd'hui que demain ? Ensuite, chaque jour de retard augmente la somme des sacrifices que la ville devra faire. Il y a dix ans, les mêmes travaux dont le devis approximatif s'élève à vingt millions, n'en auraient coûté que dix. Or, nous touchons à une révolution économique qui va avoir pour effet de surélever fortement, dans un temps peu éloigné, la valeur des immeubles. Peu de personnes s'en rendent compte, mais chacun le pressent. Il ne faudrait donc pas pour en venir aux achats, aux expropriations que nécessiteront les travaux, attendre que le prix des immeubles ait atteint son maximum. Cependant, si une volonté ferme ne précipite pas les décisions administratives si lentes, si compassées en leurs allures, c'est ce qui arrivera infailliblement.

A quelque point de vue que l'on se place, l'urgence de commencer les grands travaux projetés ressort aussi énergiquement. Les grands chantiers ouverts, l'industrie du bâtiment exercée sur une grande échelle, c'est largesse pour les classes laborieuses, et pour tous aussi ; car rien n'est aussi étroitement lié, du haut en bas des degrés sociaux, que les intérêts matériels. S'il y a liesse chez le peuple, il y a gala dans la bourgeoisie ; par contre, s'il y a gêne chez l'un, il y a misère chez l'autre.

Les débuts des travaux inaugureraient une grande impulsion dans les affaires locales et une époque de bien-être au plus haut point désirable chez le peuple qui s'étonne et s'afflige du renchérissement de tout ce qui touche à son existence : aliments et loyers.

A côté de la question économique, votre esprit, sans cesse éveillé sur tout ce qui concerne les intérêts de vos administrés, n'est pas sans s'être aperçu que la question hygiénique est fortement engagée dans tout ceci. Ces dernières années, la ville de Bordeaux a été visitée, à diverses reprises, par des épidémies du caractère le plus dangereux. Peu d'étés se passent sans qu'il n'y ait de longues séries de jours où la mortalité, chez les enfants surtout, et spécialement dans les quartiers qui attirent votre sollicitude, ne revête un caractère des plus menaçants. Que les travaux s'exécutent, et ce tribut de victimes humaines payé à l'insalubrité de certaines parties de la ville cessera ou sera du moins considérablement diminué.

Nous ne doutons pas que cette considération n'agisse fortement auprès de vous.

L'hygiène des grandes cités comme Bordeaux est chose d'intérêt majeur. Nous savons que vous vous en préoccupez très vivement, et ce n'est pas ce qui a le moins contribué à vous concilier l'opinion publique. L'administration précédente, un peu trop abandonnée à des mains irresponsables, plus tracassières qu'habiles, a laissé surgir sur ce point bien des abus. S'ils n'ont pas déjà frappé votre attention, souffrez, Monsieur le Maire, que je vous les signale; vous ne sauriez en être solidaire.

Le Conseil hygiénique, qui ressort des attributions préfectorales, ne vous semble-t-il pas justifier cette critique vulgaire et proverbiale, formulée par ces mots : *Qui trop embrasse, mal étreint ?* Préoccupé de l'état sanitaire du département entier, ce Conseil donne-t-il suffisamment de soins et d'attentions à l'hygiène spéciale de notre ville? Peu de personnes le pensent. On trouve ce docte corps plus spéculatif que pratique. Bordeaux sur ce point est donc assez mal partagé. Y a-t-il seulement une commission affectée particulièrement à la salubrité locale, préposée à développer l'assistance médicale en faveur des indigents, à surveiller l'action des établissements hospitaliers, des bureaux de bienfaisance en ce qui touche les malades? Nous ne le pensons pas, ou elle serait bien tolérante.

Il y a donc là une lacune à combler : l'institution d'un conseil médical, particulier à la ville, composé d'hommes pratiques, dont les titres principaux seraient leurs relations plus fréquentes avec les malades pauvres. Ce conseil pourrait être d'un ordre moins relevé que celui qui s'occupe du département en entier; mais, en revanche, serait-il peut-être plus utile. D'abord, il est peu probable qu'il tolérât les modifications qui ont été apportées dans la manière de soigner les malades indigents.

De mon temps, les fonctions de médecins des bureaux de bienfaisance étaient gratuites; néanmoins, mes collègues et moi ne regrettions point nos pas pour aller à domicile visiter cette clientèle peu disputée... — « Ardeur, jeunesse, philanthropie, » — diront de vieux et même de certains jeunes sceptiques blasés par la vue quotidienne des souffrances et des misères humaines; — « Nous avons changé » tout cela » — absolument comme le médecin de Molière — « c'est au malade à venir à nous; tant pis pour sa » faiblesse, tant pis pour sa pudeur. Il est bien plus com- » mode de donner nos consultations, à tour de rôle, et en » quelques minutes, dans la chambre d'une maison de cha- » rité. Viendra qui voudra. »

A notre même époque, il ne s'est jamais vu que les malheureux auxquels on devait faire subir des opérations aient été obligés de se rendre dans la chambre des consultations, souvent éloignée de leur domicile; aujourd'hui, des faits semblables sont loin d'être rares.

Or une commission préposée à la surveillance des intérêts médico-hygiéniques de la ville justifierait sa raison d'être par le simple empêchement de ces seuls faits.

Mais inutile d'insister davantage sur ce point, de citer d'autres exemples d'abus : *ab uno disce omnes.*

Je termine par quelques observations sur une question qui est moins de la compétence de la Mairie que de celle de la Préfecture, mais sur laquelle vous aurez, si vous le jugez à propos, une sérieuse influence : il s'agit du sort des petits enfants abandonnés ; cela touche à la morale publique et aux plus vifs sentiments de générosité renfermés en nos cœurs.

Le temps a permis d'apprécier à sa juste valeur le mérite de l'idée qu'on a eue de supprimer les tours aux hospices des Enfants-Trouvés. L'expérience est faite, les résultats existent : d'un côté quelques pauvres mille francs économisés au budget de la ville et du département; de l'autre le massacre des innocents en permanence, et les salles funèbres de nos cours d'assises encombrées; la conscience du jury troublée parce qu'elle comprend dans quelle fatale impasse la société a placé les jeunes filles-mères. — Mais, dira-t-on, et les principes, et la morale?... Eh bien ! au point de vue des mœurs, sommes-nous plus austères aujourd'hui qu'il y a quelques années?... Et croit-on que le vice ou la passion puisse reculer devant un résultat aléatoire, à neuf mois d'échéance ? Non ! rien ne justifie donc la malencontreuse mesure qui a atteint dans son essence la création de saint Vincent de Paul. — C'est de l'administration chinoise.

Heureusement que ni vous, ni M. le Préfet n'avez engagé votre **passé dans une** œuvre aussi désastreuse ; il vous sera donc possible de **concour**ir à **faire** rapporter ces déplorables dispositions.

En une matière aussi délicate, il est impossible que la question d'argent prévale; ce serait monstrueux. En plein XIX⁰ siècle, au milieu de l'épanouissement de toutes les idées généreuses et philanthropiques, un système qui pousse au crime le plus dénaturé ne peut se maintenir sous prétexte de futiles économies.

J'ai lu quelque part, signé par un obscur malthusien, qu'avec les tours accessibles comme autrefois, il y avait une séduction permanente offerte aux pauvres ménages pour se décharger de trop nombreux enfants. C'est là une des plus hideuses calomnies qui ait été édictée contre la misère ; elle n'a pu germer que dans un esprit pervers et malsain.

L'amour maternel est sans contredit le sentiment le plus énergique ; c'est le pivot de la création. Que chez la race humaine, où les conventions sociales ont si profondément modifié la nature, une fille-mère voie enlever son enfant, honte vivante, au moment où il naît, avant que son premier cri, sa première caresse n'aient ouvert l'inépuisable source des tendresses maternelles, cela se conçoit, cela se voit ; mais que la mère de famille rejette de son sein le petit être qu'elle a bercé, dont elle a épié le sommeil, qui lui a souri, qui l'a caressée, je le nie... Vous m'en montreriez des exemples, je les nierais encore et toujours.

Les tours des hospices des enfants trouvés sont un exutoire qu'il faut tenir ouvert à un mal social irréparable. Les fermer n'est pas une solution, c'est un refoulement qui se traduit en crimes de plus en plus nombreux dont le jury s'effraie ; parce qu'il lui est impossible de ne pas voir dans la malheureuse qu'il doit juger la victime d'un état de choses mauvais ; parce qu'aussi dans ces sortes d'affaires tout est confusion et ténèbres.

Presque à chaque session des assises nous sommes consultés par des avocats qui nous soumettent les rapports des médecins légistes. Eh bien ! nous ne craignons pas de l'affirmer, de l'examen le plus attentif, neuf fois sur dix il ne résulte pour nous d'autre conviction que celle-ci, à savoir : Que si les tours n'étaient pas fermés, le fait prodigieux d'une mère ayant tué son enfant n'aurait pas été soumis au jugement des hommes.

Il ne nous appartient pas d'entrer dans des détails plus circonstanciés à l'endroit des sujets que nous soulevons. Vous les signaler avec quelques-unes de leurs anomalies nous suffit. Nous sommes d'ailleurs persuadé que, comme nous, vous savez combien il importe à tous égards de passer de la discussion des projets de travaux à leur mise en pratique; que vous n'êtes plus à vous apercevoir que tout n'est pas pour le mieux dans la succession administrative que vous avez recueillie, surtout en ce qui concerne l'hygiène publique et l'assistance médicale.

Enfin la grosse question des enfants-trouvés nécessiterait seule un travail spécial où il serait facile de démontrer dans quelle fatale erreur on est tombé.

Mais tel n'est pas notre but; nous ne sommes qu'une des voix de la foule qui attend et qui, parfois, signale son impatience.

Nous espérons, Monsieur le Maire, que cette impatience vous la partagerez, et que vous en aimez les manifestations, par l'opinion publique qui vous vient en aide dans vos généreux desseins.

Veuillez agréer, Monsieur le Maire, l'assurance de ma très haute considération.

Docteur T^{phe}. P. DESMARTIS.

Bordeaux. — Typ. Ve JUSTIN DUPUY et Comp., rue Gouvion, 20.

www.ingramcontent.com/pod-product-compliance
Lightning Source LLC
Chambersburg PA
CBHW071430060426
42450CB00009BA/2113